VdN

Wie man Geld und Zeit vertan,
Zeigt das Büchlein lustig an

JOHANN WOLFGANG GOETHE

VENEZIANISCHE EPIGRAMME

MIT ZEICHNUNGEN
VON MAX SCHWIMMER

VERLAG DER NATION
BERLIN

ISBN 3-373-00303-2

1

SARKOPHAGEN und Urnen verzierte der Heide mit Leben:
Faunen tanzen umher, mit der Bacchantinnen Chor
Machen sie bunte Reihe; der ziegengefüßete Pausback
Zwingt den heiseren Ton wild aus dem schmetternden Horn.
Zimbeln, Trommeln erklingen; wir sehen und hören den Marmor.
Flatternde Vögel! wie schmeckt herrlich dem Schnabel die Frucht!
Euch verscheuchet kein Lärm, noch weniger scheucht er den Amor,
Der in dem bunten Gewühl erst sich der Fackel erfreut.
So überwältiget Fülle den Tod; und die Asche da drinnen
Scheint, im stillen Bezirk, noch sich des Lebens zu freun.
So umgebe denn spät den Sarkophagen des Dichters
Diese Rolle, von ihm reichlich mit Leben geschmückt.

2

KAUM an dem blaueren Himmel erblickt' ich die glänzende Sonne,
Reich, vom Felsen herab, Efeu zu Kränzen geschmückt,
Sah den emsigen Winzer die Rebe der Pappel verbinden,
Über die Wiege Virgils kam mir ein laulicher Wind:
Da gesellten die Musen sich gleich zum Freunde; wir pflogen
Abgeriss'nes Gespräch, wie es den Wanderer freut.

3

Immer halt' ich die Liebste begierig im Arme geschlossen,
Immer drängt sich mein Herz fest an den Busen ihr an.
Immer lehnet mein Haupt an ihren Knieen, ich blicke
Nach dem lieblichen Mund, ihr nach den Augen hinauf.
Weichling! schölte mich einer, und so verbringst du die Tage?
Ach, ich verbringe sie schlimm! Höre nur, wie mir geschieht:
Leider wend' ich den Rücken der einzigen Freude des Lebens;
Schon den zwanzigsten Tag schleppt mich der Wagen dahin.
Vetturine trotzen mir nun, es schmeichelt der Kämmrer,
Und der Bediente vom Platz sinnet auf Lügen und Trug.
Will ich ihnen entgehn, so faßt mich der Meister der Posten,
Postillione sind Herrn, dann die Dogane dazu!
«Ich verstehe dich nicht! du widersprichst dir! du schienest
Paradiesisch zu ruhn, ganz, wie Rinaldo, beglückt.»
Ach! ich verstehe mich wohl: es ist mein Körper auf Reisen,
Und es ruhet mein Geist stets der Geliebten im Schoß.

4

Das ist Italien, das ich verließ. Noch stäuben die Wege,
Noch ist der Fremde geprellt, stell' er sich, wie er auch will.
Deutsche Redlichkeit suchst du in allen Winkeln vergebens;
Leben und Weben ist hier, aber nicht Ordnung und Zucht;
Jeder sorgt nur für sich, mißtrauet dem andern, ist eitel,
Und die Meister des Staats sorgen nur wieder für sich.
Schön ist das Land; doch ach! Faustinen find' ich nicht wieder.
Das ist Italien nicht mehr, das ich mit Schmerzen verließ.

5

In der Gondel lag ich gestreckt und fuhr durch die Schiffe,
Die in dem großen Kanal, viele befrachtete, stehn.
Mancherlei Ware findest du da für manches Bedürfnis,
Weizen, Wein und Gemüs', Scheite, wie leichtes Gesträuch.
Pfeilschnell drangen wir durch; da traf ein verlorener Lorbeer
Derb mir die Wangen. Ich rief: Daphne, verletzest du mich?
Lohn erwartet' ich eher! Die Nymphe lispelte lächelnd:
Dichter sünd'gen nicht schwer. Leicht ist die Strafe. Nur zu!

6

Seh' ich den Pilgrim, so kann ich mich nie der Tränen enthalten.
O, wie beseliget uns Menschen ein falscher Begriff!

7

Eine Liebe hatt' ich, sie war mir lieber als alles!
Aber ich hab' sie nicht mehr! Schweig' und ertrag' den Verlust!

8

Diese Gondel vergleich' ich der sanft einschaukelnden Wiege,
Und das Kästchen darauf scheint ein geräumiger Sarg.
Recht so! Zwischen der Wieg' und dem Sarg wir schwanken und schweben
Auf dem großen Kanal sorglos durchs Leben dahin.

9

FEIERLICH sehn wir neben dem Doge den Nuntius gehen;
Sie begraben den Herrn, einer versiegelt den Stein.
Was der Doge sich denkt, ich weiß es nicht; aber der andre
Lächelt über den Ernst dieses Gepränges gewiß.

10

WARUM treibt sich das Volk so und schreit? Es will sich ernähren,
Kinder zeugen und die nähren, so gut es vermag.
Merke dir, Reisender, das, und tue zu Hause desgleichen!
Weiter bringt es kein Mensch, stell' er sich, wie er auch will.

11

WIE sie klingeln, die Pfaffen! Wie angelegen sie's machen,
Daß man komme, nur ja plappre, wie gestern so heut!
Scheltet mir nicht die Pfaffen; sie kennen des Menschen Bedürfnis!
Denn wie ist er beglückt, plappert er morgen wie heut!

12

MACHE der Schwärmer sich Schüler, wie Sand am Meere – der Sand
Ist Sand; die Perle sei mein, du, o vernünftiger Freund!

13

SÜSS den sprossenden Klee mit weichlichen Füßen im Frühling
Und die Wolle des Lamms tasten mit zärtlicher Hand;
Süß voll Blüten zu sehn die neulebendigen Zweige,
Dann das grünende Laub locken mit sehnendem Blick.
Aber süßer, mit Blumen dem Busen der Schäferin schmeicheln;
Und dies vielfache Glück läßt mich entbehren der Mai.

14

DIESEM Amboß vergleich' ich das Land, den Hammer dem Herrscher
Und dem Volke das Blech, das in der Mitte sich krümmt.
Wehe dem armen Blech! wenn nur willkürliche Schläge
Ungewiß treffen, und nie fertig der Kessel erscheint.

15

SCHÜLER macht sich der Schwärmer genug und rühret die Menge,
Wenn der vernünftige Mann einzelne Liebende zählt.
Wundertätige Bilder sind meist nur schlechte Gemälde:
Werke des Geists und der Kunst sind für den Pöbel nicht da.

16

MACHE zum Herrscher sich der, der seinen Vorteil verstehet:
Doch wir wählten uns den, der sich auf unsern versteht.

17

NOT lehrt beten, man sagt's; will einer es lernen, er gehe
Nach Italien! Not findet der Fremde gewiß.

18

WELCH ein heftig Gedränge nach diesem Laden! Wie emsig
Wägt man, empfängt man das Geld, reicht man die Ware dahin!
Schnupftabak wird hier verkauft. Das heißt sich selber erkennen!
Nieswurz holt sich das Volk, ohne Verordnung und Arzt.

19

JEDER Edle Venedigs kann Doge werden; das macht ihn
Gleich als Knaben so fein, eigen, bedächtig und stolz.
Darum sind die Oblaten so zart im katholischen Welschland;
Denn aus demselbigen Teig weihet der Priester den Gott.

20

RUHIG am Arsenal stehn zwei altgriechische Löwen;
Klein wird neben dem Paar Pforte, wie Turm und Kanal.
Käme die Mutter der Götter herab, es schmiegten sich beide
Vor den Wagen, und sie freute sich ihres Gespanns.
Aber nun ruhen sie traurig; der neue geflügelte Kater
Schnurrt überall, und ihn nennet Venedig Patron.

21

EMSIG wallet der Pilger! Und wird er den Heiligen finden?
Hören und sehen den Mann, welcher die Wunder getan?
Nein, es führte die Zeit ihn hinweg: du findest nur Reste,
Seinen Schädel, ein paar seiner Gebeine verwahrt.
Pilgrime sind wir alle, die wir Italien suchen;
Nur ein zerstreutes Gebein ehren wir gläubig und froh.

22

JUPITER Pluvius, heut erscheinst du ein freundlicher Dämon;
Denn ein vielfach Geschenk gibst du in einem Moment;
Gibst Venedig zu trinken, dem Lande grünendes Wachstum;
Manches kleine Gedicht gibst du dem Büchelchen hier.

23

GIESSE nur, tränke nur fort die rotbemäntelten Frösche,
Wäss're das durstende Land, daß es uns Broccoli schickt.
Nur durchwäss're mir nicht dies Büchlein; es sei mir ein Fläschchen
Reinen Arraks, und Punsch mache sich jeder nach Lust.

24

SANKT Johannes im Kot heißt jene Kirche; Venedig
Nenn' ich mit doppeltem Recht heute Sankt Markus im Kot.

25

HAST du Bajä gesehn, so kennst du das Meer und die Fische.
Hier ist Venedig; du kennst nun auch den Pfuhl und den Frosch.

26

SCHLÄFST du noch immer? Nur still, und laß mich ruhen; erwach' ich,
Nun, was soll ich denn hier? Breit ist das Bette, doch leer.
Ist überall ja doch Sardinien, wo man allein schläft;
Tibur, Freund, überall, wo dich die Liebliche weckt.

27

ALLE Neun, sie winkten mir oft, ich meine die Musen;
Doch ich achtet' es nicht, hatte das Mädchen im Schoß.
Nun verließ ich mein Liebchen; mich haben die Musen verlassen,
Und ich schielte verwirrt, suchte nach Messer und Strick.
Doch von Göttern ist voll der Olymp; du kamst mich zu retten,
Langeweile! Du bist Mutter der Musen gegrüßt.

28

WELCH ein Mädchen ich wünsche zu haben? Ihr fragt mich. Ich hab'sie,
Wie ich sie wünsche, das heißt, dünkt mich, mit wenigem viel.
An dem Meere ging ich und suchte mir Muscheln. In einer
Fand ich ein Perlchen; es bleibt nun mir am Herzen verwahrt.

29

VIELES hab' ich versucht, gezeichnet, in Kupfer gestochen,
Öl gemalt, in Ton hab' ich auch manches gedrückt,
Unbeständig jedoch, und nichts gelernt noch geleistet;
Nur ein einzig Talent bracht' ich der Meisterschaft nah:
Deutsch zu schreiben. Und so verderb' ich unglücklicher Dichter
In dem schlechtesten Stoff leider nun Leben und Kunst.

30

SCHÖNE Kinder tragt ihr und steht mit verdeckten Gesichtern,
Bettelt: das heißt, mit Macht reden ans männliche Herz.
Jeder wünscht sich ein Knäbchen, wie ihr das dürftige zeiget,
Und ein Liebchen, wie man's unter dem Schleier sich denkt.

31

DAS ist dein eigenes Kind nicht, worauf du bettelst, und rührst mich;
O, wie rührt mich erst die, die mir mein eigenes bringt!

32

WARUM leckst du dein Mäulchen, indem du mir eilig begegnest?
Wohl, dein Züngelchen sagt mir, wie gesprächig es sei.

33

SÄMTLICHE Künste lernt und treibet der Deutsche; zu jeder
Zeigt er ein schönes Talent, wenn er sie ernstlich ergreift.
Eine Kunst nur treibt er und will sie nicht lernen, die Dichtkunst.
Darum pfuscht er auch so; Freunde, wir haben's erlebt.

34

OFT erklärtet ihr euch als Freunde des Dichters, ihr Götter!
Gebt ihm auch, was er bedarf! Mäßiges braucht er, doch viel:
Erstlich freundliche Wohnung, dann leidlich zu essen, zu trinken
Gut; der Deutsche versteht sich auf den Nektar, wie ihr.
Dann geziemende Kleidung und Freunde, vertraulich zu schwatzen;
Dann ein Liebchen des Nachts, das ihn von Herzen begehrt.
Diese fünf natürlichen Dinge verlang' ich vor allem.
Gebet mir ferner dazu Sprachen, die alten und neu'n,
Daß ich der Völker Gewerb' und ihre Geschichten vernehme;
Gebt mir ein reines Gefühl, was sie in Künsten getan.
Ansehn gebt mir im Volke, verschafft bei Mächtigen Einfluß,
Oder was sonst noch bequem unter den Menschen erscheint;
Gut – schon dank' ich euch, Götter; ihr habt den glücklichsten Menschen
Eh'stens fertig: denn ihr gönntet das meiste mir schon.

35

KLEIN ist unter den Fürsten Germaniens freilich der meine;
Kurz und schmal ist sein Land, mäßig nur, was er vermag.
Aber so wende nach innen, so wende nach außen die Kräfte
Jeder; da wär's ein Fest, Deutscher mit Deutschen zu sein.
Doch was priesest du ihn, den Taten und Werke verkünden?
Und bestochen erschien' deine Verehrung vielleicht;
Denn mir hat er gegeben, was Große selten gewähren,
Neigung, Muße, Vertraun, Felder und Garten und Haus.
Niemand braucht' ich zu danken als ihm, und manches bedurft' ich,
Der ich mich auf den Erwerb schlecht, als ein Dichter, verstand.
Hat mich Europa gelobt, was hat mir Europa gegeben?
Nichts! Ich habe, wie schwer! meine Gedichte bezahlt.
Deutschland ahmte mich nach, und Frankreich mochte mich lesen.
England! freundlich empfingst du den zerrütteten Gast.
Doch was fördert es mich, daß auch sogar der Chinese
Malet, mit ängstlicher Hand, Werthern und Lotten auf Glas?
Niemals frug ein Kaiser nach mir, es hat sich kein König
Um mich bekümmert, und er war mir August und Mäzen.

36

EINES Menschen Leben, was ist's? Doch Tausende können
Reden über den Mann, was er und wie er's getan.
Weniger ist ein Gedicht; doch können es Tausend genießen,
Tausende tadeln. Mein Freund, lebe nur, dichte nur fort!

37

MÜDE war ich geworden, nur immer Gemälde zu sehen,
Herrliche Schätze der Kunst, wie sie Venedig bewahrt.
Denn auch dieser Genuß verlangt Erholung und Muße;
Nach lebendigem Reiz suchte mein schmachtender Blick.
Gauklerin! da ersah ich in dir zu den Bübchen das Urbild,
Wie sie Johannes Bellin reizend mit Flügeln gemalt,
Wie sie Paul Veronese mit Bechern dem Bräutigam sendet,
Dessen Gäste, getäuscht, Wasser genießen für Wein.

38

WIE, von der künstlichsten Hand geschnitzt, das liebe Figürchen,
Weich und ohne Gebein, wie die Molluska nur schwimmt!
Alles ist Glied und alles Gelenk und alles gefällig,
Alles nach Maßen gebaut, alles nach Willkür bewegt.
Menschen hab' ich gekannt und Tiere, so Vögel als Fische,
Manches besondre Gewürm, Wunder der großen Natur;
Und doch staun' ich dich an, Bettine, liebliches Wunder,
Die du alles zugleich bist und ein Engel dazu.

39

KEHRE nicht, liebliches Kind, die Beinchen hinauf zu dem Himmel;
Jupiter sieht dich, der Schalk, und Ganymed ist besorgt.

40

Wende die Füßchen zum Himmel nur ohne Sorge! Wir strecken
Arme betend empor; aber nicht schuldlos wie du.

41

Seitwärts neigt sich dein Hälschen. Ist das ein Wunder? Es träget
Oft dich ganze; du bist leicht, nur dem Hälschen zu schwer.
Mir ist sie gar nicht zuwider, die schiefe Stellung des Köpfchens;
Unter schönerer Last beugte kein Nacken sich je.

42

So verwirret mit dumpf willkürlich verwebten Gestalten,
Höllisch und trübe gesinnt, Breughel den schwankenden Blick;
So zerrüttet auch Dürer mit apokalyptischen Bildern,
Menschen und Grillen zugleich, unser gesundes Gehirn;
So erreget ein Dichter, von Sphinxen, Sirenen, Zentauren
Singend, mit Macht Neugier in dem verwunderten Ohr;
So beweget ein Traum den Sorglichen, wenn er zu greifen,
Vorwärts glaubet zu gehn, alles veränderlich schwebt:
So verwirrt uns Bettine, die holden Glieder verwechselnd;
Doch erfreut sie uns gleich, wenn sie die Sohlen betritt.

43

Gern überschreit' ich die Grenze, mit breiter Kreide gezogen.
Macht sie Bottegha, das Kind, drängt sie mich artig zurück.

44

«ACH! mit diesen Seelen, was macht er? Jesus Maria!
Bündelchen Wäsche sind das, wie man zum Brunnen sie trägt.
Wahrlich, sie fällt! Ich halt' es nicht aus! Komm, gehn wir!
Wie zierlich!
Sieh nur, wie steht sie, wie leicht! Alles mit Lächeln und Lust!»
Altes Weib, du bewunderst mit Recht Bettinen! du scheinst mir
Jünger zu werden und schön, da dich mein Liebling erfreut.

45

ALLES seh' ich so gerne von dir; doch seh' ich am liebsten,
Wenn der Vater behend über dich selber dich wirft,
Du dich im Schwung überschlägst und nach dem tödlichen Sprunge
Wieder stehest und läufst, eben ob nichts wär' geschehn.

46

SCHON entrunzelt sich jedes Gesicht; die Furchen der Mühe,
Sorgen und Armut fliehn, Glückliche glaubt man zu sehn.
Dir erweicht sich der Schiffer und klopft dir die Wange; der Säckel
Tut sich dir kärglich zwar, aber er tut sich doch auf,
Und der Bewohner Venedigs entfaltet den Mantel und reicht dir,
Eben als flehtest du laut bei den Mirakeln Antons,
Bei des Herrn fünf Wunden, dem Herzen der seligsten Jungfrau,
Bei der feurigen Qual, welche die Seelen durchfegt.
Jeder kleine Knabe, der Schiffer, der Höke, der Bettler
Drängt sich und freut sich bei dir, daß er ein Kind ist wie du.

47

DICHTEN ist ein lustig Metier; nur find' ich es teuer:
Wie dies Büchlein mir wächst, gehn die Zechinen mir fort.

48

«WELCH ein Wahnsinn ergriff dich Müßigen? Hältst du nicht inne?
Wird dies Mädchen ein Buch? Stimme was Klügeres an!»
Wartet, ich singe die Könige bald, die Großen der Erde,
Wenn ich ihr Handwerk einst besser begreife wie jetzt.
Doch Bettinen sing' ich indes; denn Gaukler und Dichter
Sind gar nahe verwandt, suchen und finden sich gern.

49

BÖCKE, zur Linken mit euch! so ordnet künftig der Richter:
Und ihr Schäfchen, ihr sollt ruhig zur Rechten mir stehn!
Wohl! Doch eines ist noch von ihm zu hoffen; dann sagt er:
Seid, Vernünftige, mir g'rad' gegenüber gestellt!

50

WISST ihr, wie ich gewiß zu Hunderten euch Epigramme
Fertige? Führet mich nur weit von der Liebsten hinweg!

51

ALLE Freiheits-Apostel, sie waren mir immer zuwider;
Willkür suchte doch nur jeder am Ende für sich.
Willst du Viele befrein, so wag' es, Vielen zu dienen.
Wie gefährlich das sei, willst du es wissen? Versuch's!

52

KÖNIGE wollen das Gute, die Demagogen desgleichen,
Sagt man; doch irren sie sich: Menschen, ach, sind sie wie wir,
Nie gelingt es der Menge, für sich zu wollen; wir wissen's:
Doch wer verstehet, für uns alle zu wollen, er zeig's.

53

JEGLICHEN Schwärmer schlagt mir ans Kreuz im dreißigsten Jahre;
Kennt er nur einmal die Welt, wird der Betrogne der Schelm.

54

FRANKREICHS traurig Geschick, die Großen mögen's bedenken;
Aber bedenken fürwahr sollen es Kleine noch mehr.
Große gingen zugrunde: doch wer beschützte die Menge
Gegen die Menge? Da war Menge der Menge Tyrann.

55

TOLLE Zeiten hab' ich erlebt und hab' nicht ermangelt,
Selbst auch töricht zu sein, wie es die Zeit mir gebot.

56

SAGE, tun wir nicht recht? Wir müssen den Pöbel betrügen.
Sieh nur, wie ungeschickt, sieh nur, wie wild er sich zeigt!
Ungeschickt und wild sind alle rohe Betrognen;
Seid nur redlich, und so führt ihn zum Menschlichen an.

57

FÜRSTEN prägen so oft auf kaum versilbertes Kupfer
Ihr bedeutendes Bild; lange betrügt sich das Volk.
Schwärmer prägen den Stempel des Geists auf Lügen und Unsinn;
Wem der Probierstein fehlt, hält sie für redliches Gold.

58

JENE Menschen sind toll, so sagt ihr von heftigen Sprechern,
Die wir in Frankreich laut hören auf Straßen und Markt.
Mir auch scheinen sie toll; doch redet ein Toller in Freiheit
Weise Sprüche, wenn, ach! Weisheit im Sklaven verstummt.

59

LANGE haben die Großen der Franzen Sprache gesprochen,
Halb nur geachtet den Mann, dem sie vom Munde nicht floß.
Nun lallt alles Volk entzückt die Sprache der Franken.
Zürnet, Mächtige, nicht! Was ihr verlangtet, geschieht.

60

«SEID doch nicht so frech, Epigramme!» Warum nicht? Wir sind nur
Überschriften; die Welt hat die Kapitel des Buchs.

61

WIE dem hohen Apostel ein Tuch voll Tiere gezeigt ward,
Rein und unrein, zeigt, Lieber, das Büchlein sich dir.

62

EIN Epigramm, ob wohl es gut sei? Kannst du's entscheiden?
Weiß man doch eben nicht stets, was er sich dachte, der Schalk.

63

UM so gemeiner es ist und näher dem Neide, der Mißgunst,
Um so eher begreifst du das Gedichtchen gewiß.

TAB

64

CHLOE schwöret, sie liebt mich; ich glaub's nicht. Aber sie liebt dich!
Sagt mir ein Kenner. Schon gut; glaubt' ich's, da wär' es vorbei.

65

NIEMAND liebst du, und mich, Philarchos, liebst du so heftig.
Ist denn kein anderer Weg, mich zu bezwingen, als der?

66

IST denn so groß das Geheimnis, was Gott und der Mensch und die Welt sei?
Nein! Doch niemand hört's gerne; da bleibt es geheim.

67

VIELES kann ich ertragen. Die meisten beschwerlichen Dinge
Duld' ich mit ruhigem Mut, wie es ein Gott mir gebeut.
Wenige sind mir jedoch wie Gift und Schlange zuwider;
Viere: Rauch des Tabaks, Wanzen und Knoblauch und †.

68

LÄNGST schon hätt' ich euch gern von jenen Tierchen gesprochen,
Die so zierlich und schnell fahren dahin und daher.
Schlängelchen scheinen sie gleich, doch viergefüßet; sie laufen,
Kriechen und schleichen, und leicht schleppen die Schwänzchen sie nach.
Seht, hier sind sie! und hier! Nun sind sie verschwunden! Wo sind sie?
Welche Ritze, welch Kraut nahm die Entfliehenden auf?
Wollt ihr mir's künftig erlauben, so nenn' ich die Tierchen Lacerten;
Denn ich brauche sie noch oft als gefälliges Bild.

69

WER Lacerten gesehn, der kann sich die zierlichen Mädchen
Denken, die über den Platz fahren dahin und daher.
Schnell und beweglich sind sie und gleiten, stehen und schwatzen,
Und es rauscht das Gewand hinter den Eilenden drein.
Sieh, hier ist sie! und hier! Verlierst du sie einmal, so suchst du
Sie vergebens; so bald kommt sie nicht wieder hervor.
Wenn du aber die Winkel nicht scheust, nicht Gäßchen und Treppchen,
Folg' ihr, wie sie dich lockt, in die Spelunke hinein!

70

WAS Spelunke nun sei, verlangt ihr zu wissen? Da wird ja
Fast zum Lexikon dies epigrammatische Buch.
Dunkele Häuser sind's in engen Gäßchen; zum Kaffee
Führt dich die Schöne, und sie zeigt sich geschäftig, nicht du.

71

Zwei der feinsten Lacerten, sie hielten sich immer zusammen;
Eine beinahe zu groß, eine beinahe zu klein.
Siehst du beide zusammen, so wird die Wahl dir unmöglich;
Jede besonders, sie schien einzig die Schönste zu sein.

72

Heilige Leute, sagt man, sie wollten besonders dem Sünder
Und der Sünderin wohl. Geht's mir doch eben auch so.

73

Wär' ich ein häusliches Weib und hätte, was ich bedürfte,
Treu sein wollt' ich und froh, herzen und küssen den Mann.
So sang, unter andern gemeinen Liedern, ein Dirnchen
Mir in Venedig, und nie hört' ich ein frömmer Gebet.

74

Wundern kann es mich nicht, daß Menschen die Hunde so lieben;
Denn ein erbärmlicher Schuft ist wie der Mensch so der Hund.

75

Frech wohl bin ich geworden; es ist kein Wunder. Ihr Götter
Wißt und wißt nicht allein, daß ich auch fromm bin und treu.

76

«HAST du nicht gute Gesellschaft gesehn? Es zeigt uns dein Büchlein
Fast nur Gaukler und Volk, ja was noch niedriger ist.»
Gute Gesellschaft hab' ich gesehn, man nennt sie die gute,
Wenn sie zum kleinsten Gedicht keine Gelegenheit gibt.

77

WAS mir das Schicksal gewollt? Es wäre verwegen,
Das zu fragen; denn meist will es mit Vielen nicht viel.
Einen Dichter zu bilden, die Absicht wär' ihm gelungen,
Hätte die Sprache sich nicht unüberwindlich gezeigt.

78

MIT Botanik gibst du dich ab? mit Optik? Was tust du?
Ist es nicht schönrer Gewinn, rühren ein zärtliches Herz?
Ach, die zärtlichen Herzen! Ein Pfuscher vermag sie zu rühren;
Sei es mein einziges Glück, dich zu berühren, Natur!

79

WEISS hat Newton gemacht aus allen Farben. Gar manches
Hat er euch weisgemacht, das ihr ein Säkulum glaubt.

80

«ALLES erklärt sich wohl», so sagt mir ein Schüler, «aus jenen
Theorien, die uns weislich der Meister gelehrt.»
Habt ihr einmal das Kreuz von Holze tüchtig gezimmert,
Paßt ein lebendiger Leib freilich zur Strafe daran.

81

WENN auf beschwerlichen Reisen ein Jüngling zur Liebsten sich windet,
Hab' er dies Büchlein; es ist reizend und tröstlich zugleich.
Und erwartet dereinst ein Mädchen den Liebsten, sie halte
Dieses Büchlein, und nur, kommt er, so werfe sie's weg.

82

GLEICH den Winken des Mädchens, des eilenden, welche verstohlen
im Vorbeigehn nur freundlich mir streifet den Arm,
So vergönnt, ihr Musen, dem Reisenden kleine Gedichte:
O, behaltet dem Freund größere Gunst noch bevor!

83

WENN, in Wolken und Dünste verhüllt, die Sonne nur trübe
Stunden sendet, wie still wandeln die Pfade wir fort!
Dränget Regen den Wandrer, wie ist uns des ländlichen Daches
Schirm willkommen! Wie sanft ruht sich's in stürmischer Nacht!
Aber die Göttin kehret zurück! Schnell scheuche die Nebel
Von der Stirne hinweg! Gleiche der Mutter Natur!

84

WILLST du mit reinem Gefühl der Liebe Freuden genießen,
O, laß Frechheit und Ernst ferne vom Herzen dir sein.
Die will Amorn verjagen, und *der* gedenkt ihn zu fesseln;
Beiden das Gegenteil lächelt der schelmische Gott.

85

GÖTTLICHER Morpheus, umsonst bewegst du die lieblichen Mohne;
Bleibt das Auge doch wach, wenn mir es Amor nicht schließt.

86

LIEBE flößest du ein und Begier; ich fühl' es und brenne.
Liebenswürdige, nun flöße Vertrauen mir ein!

87

HA! ich kenne dich, Amor, so gut als einer! Da bringst du
Deine Fackel, und sie leuchtet im Dunkel uns vor.
Aber du führest uns bald verworrene Pfade; wir brauchten
Deine Fackel erst recht, ach! und die falsche erlischt.

88

EINE einzige Nacht an deinem Herzen! – Das andre
Gibt sich. Es trennet uns noch Amor in Nebel und Nacht.
Ja, ich erlebe den Morgen, an dem Aurora die Freunde
Busen an Busen belauscht, Phöbus, der frühe, sie weckt.

89

IST es dir Ernst, so zaudre nun länger nicht, mache mich glücklich!
Wolltest du scherzen? Es sei, Liebchen, des Scherzes genug!

90

DASS ich schweige, verdrießt dich? Was soll ich reden? Du merkest
Auf der Seufzer, des Blicks leise Beredsamkeit nicht.
Eine Göttin vermag der Lippe Siegel zu lösen;
Nur Aurora, sie weckt einst dir am Busen mich auf.
Ja, dann töne mein Hymnus den frühen Göttern entgegen,
Wie das Memnonische Bild lieblich Geheimnisse sang.

91

WELCH ein lustiges Spiel! Es windet am Faden die Scheibe,
Die von der Hand entfloh, eilig sich wieder herauf!
Seht, so schein' ich mein Herz bald dieser Schönen, bald jener
Zuzuwerfen; doch gleich kehrt es im Fluge zurück.

92

O, wie achtet' ich sonst auf alle Zeiten des Jahres;
Grüßte den kommenden Lenz, sehnte dem Herbste mich nach!
Aber nun ist nicht Sommer noch Winter, seit mich Beglückten
Amors Fittich bedeckt, ewiger Frühling umschwebt.

93

SAGE, wie lebst du? Ich lebe! und wären hundert und hundert
Jahre dem Menschen gegönnt, wünscht' ich mir morgen wie heut.

94

GÖTTER, wie soll ich euch danken! Ihr habt mir alles gegeben,
Was der Mensch sich erfleht; nur in der Regel fast nichts.

95

IN der Dämmrung des Morgens den höchsten Gipfel erklimmen,
Frühe den Boten des Tags grüßen, dich, freundlichen Stern!
Ungeduldig die Blicke der Himmelsfürstin erwarten,
Wonne des Jünglings, wie oft locktest du nachts mich heraus!
Nun erscheint ihr mir, Boten des Tags, ihr himmlischen Augen
Meiner Geliebten, und stets kommt mir die Sonne zu früh.

96

Du erstaunest und zeigst mir das Meer; es scheinet zu brennen.
Wie bewegt sich die Flut flammend ums nächtliche Schiff.
Mich verwundert es nicht, das Meer gebar Aphroditen,
Und entsprang nicht aus ihr uns eine Flamme, der Sohn?

97

Glänzen sah ich das Meer und blinken die liebliche Welle,
Frisch mit günstigem Wind zogen die Segel dahin.
Keine Sehnsucht fühlte mein Herz; es wendete rückwärts,
Nach dem Schnee des Gebirgs, bald sich der schmachtende Blick.
Südwärts liegen der Schätze wie viel! Doch einer im Norden
Zieht, ein großer Magnet, unwiderstehlich zurück.

98

Ach! mein Mädchen verreist! Sie steigt zu Schiffe! – Mein König,
Äolus! mächtiger Fürst! halte die Stürme zurück!
Törichter! ruft mir der Gott: befürchte nicht wütende Stürme:
Fürchte den Hauch, wenn sanft Amor die Flügel bewegt!

99

Arm und kleiderlos war, als ich sie geworben, das Mädchen;
Damals gefiel sie mir nackt, wie sie mir jetzt noch gefällt.

100

OFTMALS hab' ich geirrt und habe mich wieder gefunden,
Aber glücklicher nie; nun ist dies Mädchen mein Glück!
Ist auch dieses ein Irrtum, so schont mich, ihr klügeren Götter,
Und benehmt mir ihn erst drüben am kalten Gestad'.

101

TRAURIG, Midas, war dein Geschick: in bebenden Händen
Fühltest du, hungriger Greis, schwere verwandelte Kost.
Mir, im ähnlichen Fall, geht's lust'ger; denn was ich berühre,
Wird mir unter der Hand gleich ein behendes Gedicht.
Holde Musen, ich sträube mich nicht; nur daß ihr mein Liebchen,
Drück' ich es fest an die Brust, nicht mir zum Märchen verkehrt.

102

ACH, mein Hals ist ein wenig geschwollen! so sagte die Beste
Ängstlich! – Stille, mein Kind! still! und vernehme das Wort:
Dich hat die Hand der Venus berührt; sie deutet dir leise,
Daß sie das Körperchen bald, ach! unaufhaltsam verstellt.
Bald verdirbt sie die schlanke Gestalt, die zierlichen Brüstchen.
Alles schwillt nun; es paßt nirgends das neuste Gewand.
Sei nur ruhig! es deutet die fallende Blüte dem Gärtner,
Daß die liebliche Frucht schwellend im Herbste gedeiht.

103

Wonniglich ist's, die Geliebte verlangend im Arme zu halten,
Wenn ihr klopfendes Herz Liebe zuerst dir gesteht.
Wonniglicher, das Pochen des Neulebendigen fühlen,
Das in dem lieblichen Schoß immer sich nährend bewegt.
Schon versucht es die Sprünge der raschen Jugend; es klopfet
Ungeduldig schon an, sehnt sich nach himmlischem Licht.
Harre noch wenige Tage! Auf allen Pfaden des Lebens
Führen die Horen dich streng, wie es das Schicksal gebeut.
Widerfahre dir, was dir auch will, du wachsender Liebling –
Liebe bildete dich; werde dir Liebe zuteil!

104

Und so tändelt' ich mir, von allen Freunden geschieden,
In der Neptunischen Stadt Tage wie Stunden hinweg.
Alles, was ich erfuhr, ich würzt' es mit süßer Erinnrung,
Würzt' es mit Hoffnung; sie sind lieblichste Würzen der Welt.

105

SAUBER hast du dein Volk erlöst durch Wunder und Leiden,
Nazarener! Wohin soll es, dein Häufchen, wohin?
Leben sollen sie doch und Kinder zeugen doch christlich,
Leider dem früheren Reiz dienet die schädliche Hand.
Will der Jüngling dem Übel entgehn, sich selbst nicht verderben,
Bringet Lais ihm nur brennende Qualen für Lust.
Komm noch einmal herab, du Gott der Schöpfung, und leide,
Komm, erlöse dein Volk von dem gedoppelten Weh!
Tu ein Wunder und rein'ge die Quellen der Freud und des Lebens,
Paulus will ich dir sein, Stephanus, wie du's gebeutst.

106

HERAUS mit dem Teile des Herrn! Heraus mit dem Teile des Gottes!
Rief ein unglücklich Geschöpf blind für hysterischer Wut,
Als, die heiligen Reste Gründonnerstag abends zu zeigen,
In Sankt Markus ein Schelm über der Bühne sich wies.
Armes Mädchen, was soll dir ein Teil des gekreuzigten Gottes?
Rufe den heilsamern Teil jenes von Lampsacus her.

107

WUNDERN kann es mich nicht, daß unser Herr Christus mit...
(unleserlich)
Gern und mit Sündern gelebt, geht's mir doch eben auch so.

108

«WARUM willst du den Christen des Glaubens selige Wonne
Grausam rauben?» Nicht ich, niemand vermag es zu tun.
Steht doch deutlich geschrieben: die Heiden toben vergeblich.
Seht, ich erfülle die Schrift, lest und erbaut euch an mir.

109

KREBSE mit nacktem Hintern, die leere Muscheln sich suchten,
Sie bewohnen und sie wähnen ihr eigenes Haus,
Sind mir seltne Geschöpfe, sie sind so klug als bedürftig;
Manches kam mir in Sinn, als ich am Ufer sie sah.
Christ und Mensch ist eins! sagt Lavater! Richtig! Die Christen
Decken die nackende Scham weislich mit Menschenvernunft.

110

IN ein Puppenspiel hatt' ich mich Knabe verliebet,
Lange zog es mich an, bis ich es endlich zerschlug.
So griff Lavater jung nach der gekreuzigten Puppe.
Herz' er betrogen sie noch, wenn ihm der Atem entgeht!

111

Guten schreibt er, das glaub ich, die Menschen müssen wohl gut sein,
Die das alberne Zeug lesen und glauben an ihn.
Weisen denkt er zu schreiben, die Weisen mag ich nicht kennen:
Ist das Weisheit, bei Gott, bin ich mit Freuden ein Tor.

112

DICH betrügt der Staatsmann, der Pfaffe, der Lehrer der Sitten,
Und dies Kleeblatt, wie tief betest du, Pöbel, es an.
Leider läßt sich noch kaum was Rechtes denken und sagen,
Das nicht grimmig den Staat, Götter und Sitten verletzt.

113

WAS auch Helden getan, was Kluge gelehrt, es verachtet's
Wähnender christlicher Stolz neben den Wundern des Herrn.
Und doch schmückt er sich selbst und seinen nackten Erlöser
Mit dem besten heraus, was uns der Heide verließ.
So versammelt der Pfaffe die edlen leuchtenden Kerzen
Um das gestempelte Brot, das er zum Gott sich geweiht.

114

VIELE folgten dir gläubig und haben des irdischen Lebens
Rechte Wege verfehlt, wie es dir selber erging.
Folgen mag ich dir nicht; ich möchte dem Ende der Tage
Als ein vernünftiger Mann, als ein vergnügter mich nahn.
Heute gehorch ich dir doch und wähle den Pfad ins Gebirge,
Diesmal schwärmst du wohl nicht, König der Juden, leb wohl.

115

OFFEN steht das Grab! Welch herrlich Wunder! Der Herr ist
Auferstanden! – Wer's glaubt! Schelmen, ihr trugt ihn ja weg.

116

WAS vom Christentum gilt, gilt von den Stoikern, freien
Menschen geziemet es nicht, Christ oder Stoiker sein.

117

JUDEN und Heiden hinaus! so duldet der christliche Schwärmer.
Christ und Heide verflucht! murmelt ein jüdischer Bart.
Mit den Christen an Spieß und mit den Juden ins Feuer!
Singet ein türkisches Kind Christen und Juden zum Spott.
Welcher ist der klügste? Entscheide! Aber sind diese
Narren in deinem Palast, Gottheit, so geh ich vorbei.

118

HÖLLENGESPENSTER seid ihr und keine Christen, ihr Schreier,
Die ihr den lieblichen Schlaf mir von den Augen verscheucht.
Warum macht der Pfaffe so viele tausend Gebärden
Und verscheuchet euch nicht wieder zur Hölle zurück?

119

WENN ein verständiger Koch ein artig Gastmahl bereitet,
Mischt er unter die Kost vieles und vieles zugleich.
So genießet auch ihr dies Büchlein, und kaum unterscheidet
Alles ihr, was ihr genießt. Nun, es bekomm euch nur wohl.

120

SAGT, wem geb' ich dies Büchlein? Der Fürstin, die mir's gegeben,
Die uns Italien noch jetzt in Germanien schafft.

121

«WAGST du Deutsch zu schreiben unziemliche Sachen!» – Mein Guter,
Deutsch dem kleinen Bezirk leider ist griechisch der Welt.

122

AUS zu eklem Geschmack verbrannte Nauger Martialen.
Wirfst du das Silber hinweg, weil es nicht Gold ist? Pedant!

123

MEHR hat Horaz nicht gewollt, er fand es, weniger wollen
Kann man mit größerm Verdienst, und man erhält auch nicht das.

124

WIE der Mensch das Pfuschen so liebt! Fast glaub ich dem Mythus,
Der mir erzählet, ich sei selbst ein verpfuschtes Geschöpf.

125

DAS Gemeine lockt jeden; siehst du in Kürze von vielen
Etwas geschehen, sogleich denke nur: dies ist gemein.

126

WÄREN der Welt die Augen zu öffnen! – Das könnte geschehen
Besser, du suchest dir selbst und du erfindest dein Teil.

127

HELDEN herrlich zu sein beschädigen Tausende. Tadelt
Nicht den Dichter, der auch wie ein Eroberer denkt.

128

WENN du schelten willst, so wolle kein Heiliger scheinen,
Denn ein rechtlicher Mann schweigt und verzeihet uns gern.

129

UNGLÜCKSELIGE Frösche, die ihr Venedig bewohnet!
Springt ihr zum Wasser heraus, springt ihr auf hartes Gestein.

130

EINEN zierlichen Käfig erblickt ich, hinter dem Gitter
Regten sich emsig und rasch Mädchen des süßen Gesangs.
Mädchen wissen sonst nur uns zu ermüden, Venedig,
Heil dir, daß du sie auch uns zu erquicken ernährst.

131

ALLE Weiber sind Ware, mehr oder weniger kostet
Sie den begierigen Mann, der sich zum Handel entschließt.
Glücklich ist die Beständige, die den Beständigen findet.
Einmal nur sich verkauft und auch nur einmal gekauft wird.

132

HAT dich Hymen geflohn? Hast du ihn gemieden? – Was sag ich?
Hymen! köstlich ist er, aber zu ernsthaft für mich.
Aus dem Ehbett darf man nicht schwätzen, und Dichter sind schwatzhaft.
Freie Liebe, sie läßt frei uns die Zunge, den Mut.

133

JUNGFER! ruf ich das Mädchen, ist, Jungfer, der Herr nicht zu Hause?
Aber sie hört nicht, der Ruf schlägt ihr am Ohre nicht an.

134

VIER gefällige Kinder hast du zum Gaukeln erzogen,
Alter Gaukler, und schickst nun sie zum Sammeln umher.
Meine Güter trag ich bei mir! so sagte der Weise,
Meine Güter, sagst du, hab ich mir selber gemacht.

135

AMERIKANERIN nennst du das Töchterchen, alter Phantaste,
Glücklicher! hast du sie nicht hier in Europa gemacht?

136

ICH empfehle mich euch! Seid wacker, sagst du und reichest
Mir das Tellerchen dar, lächelst und dankest gar schön.
Ach, empfohlen bist du genug, und wärst du nur älter,
Wacker wollten wir sein, wach bis zum Krähen des Hahns.

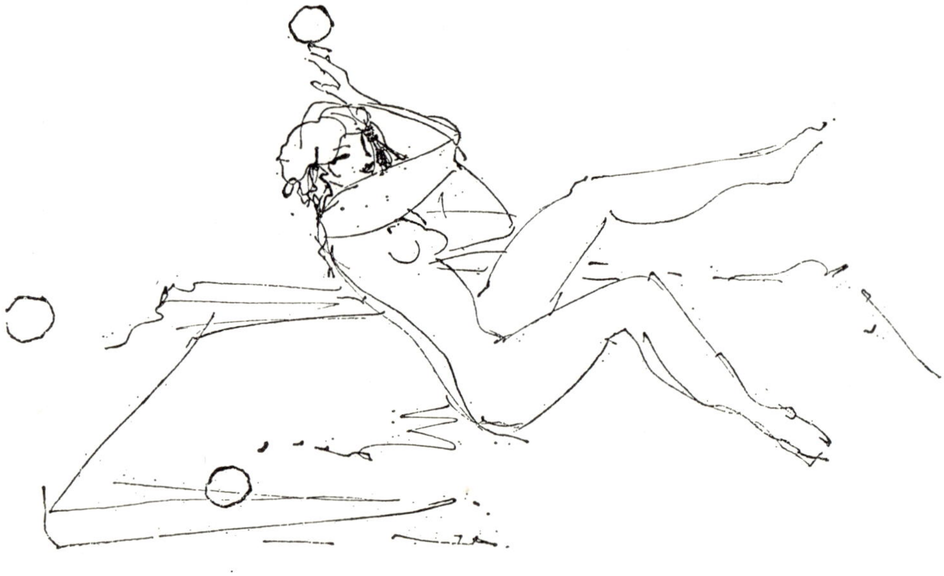

137

ZÜRNET nicht, ihr Frauen, daß wir das Mädchen bewundern:
Ihr genießet des Nachts, was sie am Abend erregt.

138

WAS ich am meisten besorge: Bettina wird immer geschickter,
Immer beweglicher wird jegliches Gliedchen an ihr;
Endlich bringt sie das Züngelchen noch ins zierliche F...
Spielt mit dem artigen Selbst, achtet die Männer nicht viel.

139

AUSZUSPANNEN befiehlt der Vater die zierlichen Schenkel,
Kindisch der liebliche Teil... (unleserlich) den Teppich herab.
Ach, wer einst zuerst dich liebet, er findet die Blüte
Schon verschwunden, sie nahm frühe das Handwerk hinweg.

140

KAFFEE wollen wir trinken, mein Fremder! – da meint sie branlieren;
Hab ich doch, Freunde, mit Recht immer den Kaffee gehaßt.

141

SEID ihr ein Fremder, mein Herr? bewohnt ihr Venedig? so fragten
Zwei Lacerten, die mich in die Spelunke gelockt.
Ratet! – Ihr seid ein Franzos! ein Napolitaner! Sie schwatzten
Hin und wieder, und schnell schlürften sie Kaffee hinein.
Tun wir etwas! sagte die Schönste, sie setzte die Tasse
Nieder, ich fühlte sogleich ihre geschäftige Hand.
Sacht ergriff ich und hielte sie fest; da streckte die zweite
Zierliche Fingerchen aus, und ich verwehrt es auch ihr.
Ach! es ist ein Fremder! so riefen sie beide; sie scherzten,
Baten Geschenke sich aus, die ich doch sparsam verlieh.
Drauf bezeichneten sie mir die entferntere Wohnung
Und zu dem wärmeren Spiel spätere Stunden der Nacht.
Kannten diese Geschöpfe sogleich den Fremden am Weigern,
O, so wißt ihr, warum blaß der Venetier schleicht.

142

GIB mir statt «Der Sch....» ein ander Wort, o Priapus,
Denn ich Deutscher, ich bin übel als Dichter geplagt.
Griechisch nennt ich dich φαλλος, das klänge doch prächtig den Ohren,
Und lateinisch ist auch Mentula leidlich ein Wort.
Mentula käme von Mens, der Sch.... ist etwas von hinten,
Und nach hinten war mir niemals ein froher Genuß.

143

Camper der Jüngere trug in Rom die Lehre des Vaters
Von den Tieren uns vor, wie die Natur sie erschuf,
Bäuche nahm und gab, dann Hälse, Pfoten und Schwänze.
Alles gebrochenes Deutsch so wie geerbter Begriff.
Endlich sagt' er: «Vierfüßiges Tier, wir haben's vollendet,
Und es bleibet uns nur, Freunde, das Vöglen zurück!»
Armer Camper, du hast ihn gebüßt, den Irrtum der Sprache,
Denn acht Tage darnach lagst du und schlucktest Merkur.

144

Knaben liebt ich wohl auch, doch lieber sind mir die Mädchen,
Hab ich als Mädchen sie satt, dient sie als Knabe mir noch.

145

Köstliche Ringe besitz ich! Gegrabne fürtreffliche Steine
Hoher Gedanken und Stils fasset ein lauteres Gold.
Teurer bezahlt man die Ringe, geschmückt mit feurigen Steinen,
Blinken hast du sie oft über dem Spieltisch gesehn.
Aber ein Ringelchen kenn ich, das hat sich anders gewaschen,
Das Hans Carvel einmal traurig im Alter besaß.
Unklug schob er den kleinsten der zehen Finger ins Ringchen,
Nur der größte gehört, würdig, der elfte, hinein.

146

ALLE sagen mir, Kind, daß du mich betrügest,
O betrüge mich nur immer und immer so fort.

147

WELCHE Hoffnung ich habe? Nur eine, die heut mich beschäftigt,
Morgen mein Liebchen zu sehn, das ich acht Tage nicht sah.

148

ALLES was ihr wollt, ich bin euch wie immer gewärtig,
Freunde, doch leider allein schlafen, ich halt es nicht aus.

149

NACKEND willst du nicht neben mir liegen, du süße Geliebte,
Schamhaft hältst du dich noch mir im Gewande verhüllt.
Sag mir: begehr ich dein Kleid? begehr ich den lieblichen Körper?
Nun, die Scham ist ein Kleid! zwischen Verliebten hinweg!

150

LANGE sucht ich ein Weib mir, ich suchte, da fand ich nur Dirnen,
Endlich erhascht ich dich mir, Dirnchen, da fand ich ein Weib.

151

Eine Liebe wünscht ich und konnte sie niemals gewinnen.
Wünschen läßt sich noch wohl, aber verdienen nicht gleich.

152

Fürchte nicht, liebliches Mädchen, die Schlange, die dir begegnet!
Eva kannte sie schon, frage den Pfarrer, mein Kind.

153

Ob erfüllt sei, was Moses und was die Propheten gesprochen,
An dem heiligen Christ, Freunde, das weiß ich nicht recht.
Aber das weiß ich: erfüllt sind Wünsche, Sehnsucht und Träume,
Wenn das liebliche Kind süß mir am Busen entschläft.

154

Weit und schön ist die Welt, doch o wie dank ich dem Himmel,
Daß ein Gärtchen beschränkt, zierlich mein eigen gehört.
Bringet mich wieder nach Hause! was hat ein Gärtner zu reisen?
Ehre bringt's ihm und Glück, wenn er sein Gärtchen versorgt.

155

ACH! sie neiget das Haupt, die holde Knospe, wer gießet
Eilig erquickendes Naß neben die Wurzel ihr hin?
Daß sie froh sich entfalte, die schönen Stunden der Blüte
Nicht zu frühe vergehn, endlich auch reife die Frucht.
Aber auch mir – mir sinket das Haupt von Sorgen und Mühe.
Liebes Mädchen! Ein Glas schäumenden Weines herbei.

ISBN 3-373-00303-2

5. Auflage 1989
Lizenz-Nr. 400/40/89
LSV 7105
Gesamtgestaltung: Manfred Damaszynski
Satz: Offizin Andersen Nexö, Graphischer Großbetrieb,
Leipzig III/18/38
Druck: VEB Druckhaus Köthen
Buchbinderische Verarbeitung:
VEB Druckhaus «Maxim Gorki» Altenburg
Best.-Nr. 696611 8
01180